Renate Schupp

Die Ostergeschichte

Mit Illustrationen von Milada Krautmann

Kaufmann Verlag

Vor vielen Jahren lebte in Galiläa ein Mann mit dem Namen Jesus.
Er wanderte durch die Dörfer und Städte und erzählte den Menschen
von Gott.
Er sagte zu ihnen: „Freut euch, Gott hat euch lieb. Er liebt alle Menschen.
ALLE. Nicht nur die Frommen und die Reichen, sondern auch die Armen,
die nichts besitzen. Und die Einsamen und Verlassenen, um die sich
keiner kümmert. Und die Kinder, die Angst haben und traurig sind.
Ja, sogar solche, die niemand leiden mag – auch die hat Gott lieb."

Bald war Jesus im ganzen Land bekannt.
Die Menschen erzählten sich wunderbare
Dinge von ihm.
„Er ist kein gewöhnlicher Mann", sagten sie.
„Gott hat ihm besondere Gaben gegeben.
Er kann Kranke wieder gesund machen.
Und wenn man ihm zuhört, wird einem das
Herz froh."
Viele wurden seine Anhänger. Jesus wählte
unter ihnen zwölf Männer aus. Das waren
seine Jünger. Sie folgten ihm überallhin.
Die Priester und Schriftgelehrten aber
ärgerten sich sehr über Jesus. „Es ist nicht
wahr, was er von Gott erzählt", empörten
sie sich. „Gott liebt nur die Frommen und
Reichen und Klugen. Solche wie uns. Uns
liebt er. NUR UNS. Weil wir viel beten und
Geld spenden und alle Gesetze einhalten,
die in den Heiligen Schriften stehen."

Jedes Jahr im Frühling wurde in der Stadt Jerusalem das Passafest gefeiert. Viele Menschen aus dem ganzen Land kamen da zusammen, um im Tempel, dem Haus Gottes, zu beten. Auch Jesus beschloss hinzugehen. Er ritt auf einem Esel, und seine Jünger begleiteten ihn.

Als sie in Jerusalem ankamen, liefen ihnen viele Menschen entgegen, streuten Palmzweige auf den Weg, jubelten und schrien: „Gelobt sei Gott! Gelobt sei Jesus! Da kommt der neue König, den Gott uns schickt. Hosianna!"

So ritt Jesus in die Stadt hinein.

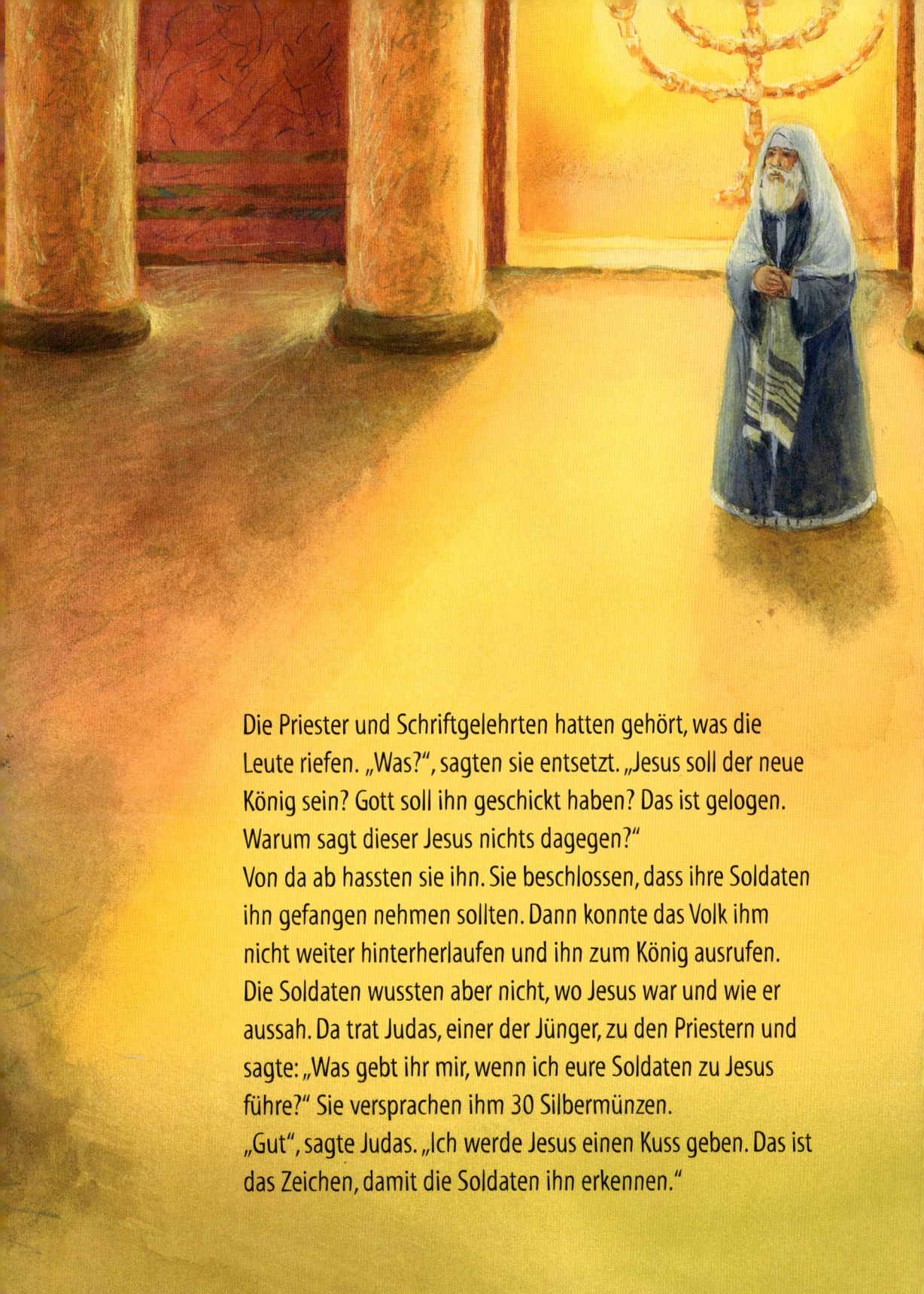

Die Priester und Schriftgelehrten hatten gehört, was die Leute riefen. „Was?", sagten sie entsetzt. „Jesus soll der neue König sein? Gott soll ihn geschickt haben? Das ist gelogen. Warum sagt dieser Jesus nichts dagegen?"

Von da ab hassten sie ihn. Sie beschlossen, dass ihre Soldaten ihn gefangen nehmen sollten. Dann konnte das Volk ihm nicht weiter hinterherlaufen und ihn zum König ausrufen. Die Soldaten wussten aber nicht, wo Jesus war und wie er aussah. Da trat Judas, einer der Jünger, zu den Priestern und sagte: „Was gebt ihr mir, wenn ich eure Soldaten zu Jesus führe?" Sie versprachen ihm 30 Silbermünzen.

„Gut", sagte Judas. „Ich werde Jesus einen Kuss geben. Das ist das Zeichen, damit die Soldaten ihn erkennen."

Am Abend traf Jesus sich mit seinen Jüngern zum letzten Abendmahl vor dem Passafest. Auch Judas war dabei. Als alle am Tisch saßen, sagte Jesus: „Einer von euch wird mich verraten und meinen Feinden sagen, wo sie mich finden."
Dann nahm er das Brot, dankte Gott dafür, brach es in Stücke und verteilte es. Dazu reichte er einen Becher mit Wein herum, und jeder trank daraus.
Er sah die Jünger ernst an und sagte: „Ich werde bald nicht mehr bei euch sein. Aber immer wenn ihr zusammen Brot esst und Wein trinkt, dann denkt an mich. Dann bin ich nah bei euch."
Die Jünger verstanden nicht, was Jesus ihnen damit sagen wollte. Aber das Herz wurde ihnen schwer.

Nach dem Abendmahl ging Jesus mit den Jüngern hinaus vor die Stadt zum
Garten Gethsemane. Jesus sagte zu ihnen: „Jetzt werden bald die Soldaten
kommen und mich gefangen nehmen. Ihr aber werdet alle weglaufen."
„Ich nicht!", rief Petrus.
Doch Jesus sagte: „Du auch, Petrus. Bevor morgen früh der Hahn kräht, wirst du
mich verleugnen. Dreimal wirst du sagen, dass du mich nicht kennst."
Dann ging er allein in den Garten, um zu beten.
Da marschierten die Soldaten heran. Bei ihnen war Judas. Er trat zu Jesus und gab ihm
einen Kuss. Die Soldaten erkannten das Zeichen, packten Jesus und führten ihn ab.
Die Jünger aber bekamen Angst und rannten davon.

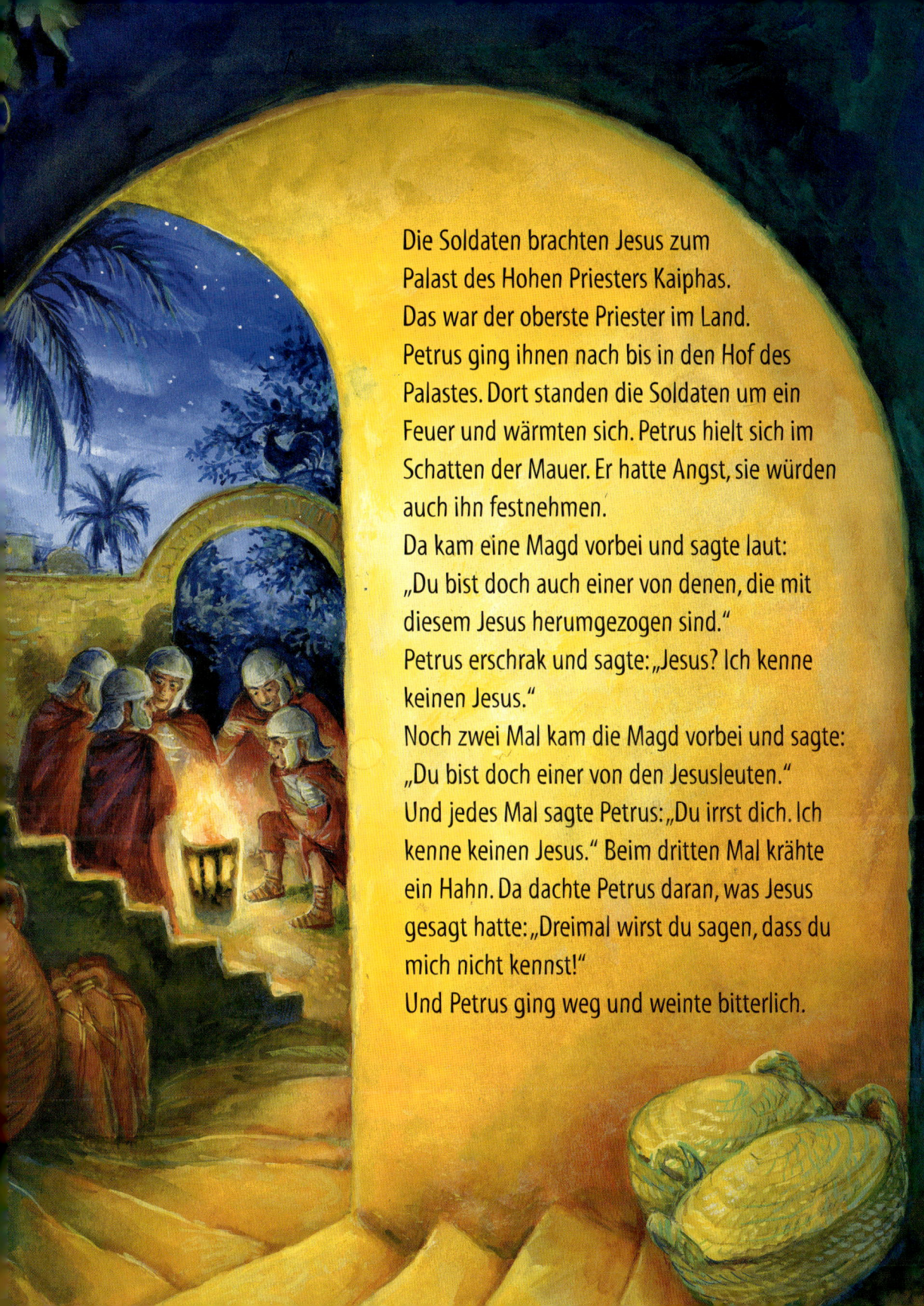

Die Soldaten brachten Jesus zum Palast des Hohen Priesters Kaiphas. Das war der oberste Priester im Land. Petrus ging ihnen nach bis in den Hof des Palastes. Dort standen die Soldaten um ein Feuer und wärmten sich. Petrus hielt sich im Schatten der Mauer. Er hatte Angst, sie würden auch ihn festnehmen.

Da kam eine Magd vorbei und sagte laut: „Du bist doch auch einer von denen, die mit diesem Jesus herumgezogen sind."

Petrus erschrak und sagte: „Jesus? Ich kenne keinen Jesus."

Noch zwei Mal kam die Magd vorbei und sagte: „Du bist doch einer von den Jesusleuten." Und jedes Mal sagte Petrus: „Du irrst dich. Ich kenne keinen Jesus." Beim dritten Mal krähte ein Hahn. Da dachte Petrus daran, was Jesus gesagt hatte: „Dreimal wirst du sagen, dass du mich nicht kennst!"

Und Petrus ging weg und weinte bitterlich.

Der Hohe Priester Kaiphas rief die anderen Priester und Ratsherren herbei, und sie hielten Gericht über Jesus. Die Priester klagten Jesus hart an. Jesus aber stand da und sagte nichts. Endlich fragte ihn Kaiphas: „Sag uns nur das eine: Ist es wahr, dass du der neue König bist, den Gott uns geschickt hat?" Jesus antwortete: „Ja, ich bin es."

Da sprangen alle entsetzt auf. „Das ist nicht wahr!", schrien sie: „Gott hat dich nicht geschickt. Er hat dich nicht zum König gemacht. Du erzählst Lügen von Gott. Das ist Gotteslästerung. Das ist eine Todsünde. Du musst sterben."

Am nächsten Tag ließ Kaiphas Jesus zu dem römischen Statt-
halter Pontius Pilatus bringen, dem obersten Herrscher im Land.
Er sollte ihnen erlauben, Jesus zu töten. Und er erlaubte es.
Noch am selben Nachmittag führten die Soldaten Jesus aus der
Stadt hinaus auf den Hügel Golgatha und hängten ihn an ein
Kreuz. Einige Frauen und Freunde, die ihm aus Galiläa gefolgt
waren, sahen aus der Ferne, wie er starb.
Judas aber tat es leid, dass er Jesus verraten hatte. Er brachte
den Priestern den Beutel mit dem Geld zurück und sagte:
„Wenn ich gewusst hätte, dass ihr Jesus tötet, dann hätte ich
euch nicht verraten, wo er war."

Am Abend ging ein Freund von Jesus zum Kreuz und nahm seinen toten Leib herab. Er wickelte ihn in ein Leinentuch und legte ihn in eine Grabhöhle.

Am Sonntagmorgen gingen drei Frauen zu der Grabhöhle. Doch als sie dort ankamen, war die Höhle leer. Nur das Leinentuch lag da.
Auf einmal aber war da ein Mann, der hatte ein strahlend weißes Gewand an. Er sagte: „Ihr braucht keine Angst zu haben. Jesus ist auferstanden. Gott hat ihn auferweckt. Er lebt. Geht und sagt es seinen Jüngern."
Die drei Frauen liefen zurück in die Stadt zu den Jüngern und erzählten ihnen, was sie erlebt hatten. Aber die Jünger glaubten ihnen nicht.

Zur gleichen Zeit gingen zwei Jünger von Jerusalem zurück in das Dorf Emmaus. Unterwegs überholte sie ein fremder Mann und ging mit ihnen. Als sie in Emmaus ankamen, luden sie ihn in ihr Haus ein. „Bleibe bei uns zum Essen", sagten sie. „Denn es wird bald dunkel."

Sie setzten sich zusammen an den Tisch. Der Fremde nahm das Brot, dankte Gott dafür, brach es auseinander und gab jedem ein Stück. Da erkannten die zwei Jünger, dass der Fremde Jesus war. Doch im selben Augenblick war er verschwunden.

Die beiden Männer ließen alles stehen, liefen nach Jerusalem zurück und erzählten den anderen Jüngern, dass sie Jesus gesehen hatten.

Danach erschien Jesus den Jüngern noch einige Male. Zuletzt sagte er zu ihnen: „Jetzt bin ich noch bei euch. Aber ich kehre zurück zu Gott, der mich geschickt hat. Ihr braucht keine Angst zu haben. Denn auch wenn ihr mich nicht mehr seht, bin ich doch immer bei euch, alle Tage bis ans Ende der Welt."
Nach diesen Worten verschwand Jesus, und die Jünger sahen ihn nicht mehr.

Bibliografische Information der Deutschen Bibliothek
Die Deutsche Bibliothek verzeichnet diese Publikation in der Deutschen Nationalbibliografie;
detaillierte bibliografische Daten sind im Internet über http://dnb.ddb.de abrufbar.

3. Auflage 2024
© 2022 Verlag Ernst Kaufmann, Lahr

Printed by LEO Paper

ISBN 978-3-7806-6443-3